Impressum:


Ein Unternehmen der NUMBER7 e.U.
Prof. Dengel Str. 1, A-6600 Reutte, Österreich

Umschlag und Motiv: Ralf Weidner

Fotos: Ralf Weidner, Alexander Marx, Alexander Garth

Lektorat, Korrektorat: Peter Seuring, Neu-Isenburg

Druck: Verlag T. Lindemann
Stiftstrasse 49, D-63075 Offenbach, Deutschland

ISBN: 978-3-9503926-3-0

1. Auflage September 2017


Die Bibelverse sind der Lutherübersetzung von 1912 entnommen.

www.7books.eu

Alexander Garth, Jahrgang 1958, ist "Gründer der Jungen Kirche Berlin", der viele Menschen aus kirchenfernem Hintergrund angehören. Der Autor und Pfarrer mit der Leidenschaft, den christlichen Glauben in einer säkularen, postmodernen Welt relevant zu machen, lebt mit seiner Familie in Berlin.

**Vorwort**

„Ihre Augen schlummern, so dass sie mit den Augen nicht sehen...und mit dem Herzen nicht verstehen“ heißt es im Johannes-Evangelium.

Ralf Weidner weckt in seinem Bildband die Augen auf, damit der Leser sehend wird – für Gottes unendliche Kreativität, für sein Wirken in der Welt und für den Menschen, der mitten in einer wunderschönen Schöpfung das Abenteuer Leben bestehen muss.

Die Zutaten zu diesem Buch: Der Autor nimmt kurze Texte aus der Bibel und erzählt kleine Geschichten und Betrachtungen des Lebens. Zu jedem Text gibt es ein Foto. Man liest das Buch nicht auf einem Ritt.

Man lege es aber in Reichweite und greife immer wieder zu, um die faszinierenden Bilder und die Geschichten dazu zu lesen und sich von ihnen inspirieren zu lassen. „Selig sind eure Augen, dass sie sehen“ sagt Jesus. Nach dem staunenden Betrachten des Bandes und dem Lesen der Texte werden die Augen selig. Das tut gut.

Alexander Garth, im Juni 2017

Was ich noch sagen wollte ...

Unterwegs sein, wegfahren, Neues kennen lernen. Diese Grundgenetik wurde mir bereits in die Wiege gelegt. Mein Vater war Fernfahrer und somit lebenslang in ganz Europa unterwegs. Unerschrocken und mit großer Freude hat er sich seinen Weg gesucht. Er hatte eine beinahe akademische Gabe, die Welt sich immer wieder neu zu erschließen.

Ich bin außerordentlich dankbar dafür, dass ich zehn Jahre meines Lebens, in den Schulferien mit ihm fahren und so mein ganz persönliches Interesse am Reisen entwickeln konnte. Heute erlebe ich noch immer in ähnlicher Weise die Faszination des *Unterwegs-Seins*. Aufbrechen, ankommen, kennen lernen, erfahren, all das erleben wir beim Reisen.

Als ich dann das erste Mal meine zweite Leidenschaft, nämlich das Fotografieren in einer Multivision im "biblischen Rahmen“ der Öffentlichkeit präsentierte, schrieb unsere regionale Zeitung: "Wenn der Pastor fotografiert". In diesem Buch passiert etwas Ähnliches. Bilder vom unterwegs sein, begegnen Texten, die ausdrücken, was mir beim immer wieder neu Kennenlernen der Botschaft Gottes, wichtig wird.

Ich wünsche mir, dass Sie Freude an den Bildern haben, dass die Texte im Alltag zum Innehalten anregen und dass wir uns vielleicht unterwegs oder bei einer Lesung der anderen Art begegnen.

Alles Gute und Gott befohlen.
Ralf Weidner im Juli 2017

Daß deine Augen offen stehen über dies Haus, Nacht und Tag.
1.Könige 8,29

Offene Augen, das ist wohl eine der zentralen Voraussetzungen, um sinnig unterwegs zu sein. Sich in einer fremden Umgebung zu bewegen, sich zu orientieren, verlangt offene Augen!

Mit offenen Augen erschließt man sich die neue Umgebung. Unterwegs sein bedeutet, hellwach zu sein. Und es bedeutet, Fragen zu stellen. Wer keine Fragen hat, kann zu Hause bleiben! Diese Neugier, ist für mich Grundlage allen Reisens. Dazu möchte ich mit diesem Buch animieren. Immer wieder neu zu fragen.

Offene Augen hat auch Gott. In dem Vers wird uns zugesagt, dass er über uns wacht, dass er an unserer Seite ist, bei Tag und Nacht. Manchmal bin ich unterwegs; und bleibe mit meinen Fragen alleine.

Meine offenen Augen erfassen etwas und ich frage mich: Dass muss doch Gott auch sehen, warum? Zugegeben, diese Spannung auszuhalten hat eine ganz andere Dimension, wenn man unterwegs ist. Ein einsames, ungläubiges Staunen, kann der Ertrag, der offenen Augen sein.

Ich wünsche Ihnen auf ihrer Reise viele Momente des Unergründlichen, dass macht Unterwegs-Sein aus. Gute Reise.

Ich will dir Ruhe schaffen, dass dir's wohl gehe.
Rut 3,1

Was suche ich auf meiner Reise? Manchmal kann ich das gar nicht genau sagen. Ruhe? Erholung? Neues? So vielfältig wie die Antworten hier sein können, sind auch die Wege dorthin.

Welches ist der richtige Weg? Soll ich mich von meinem Gefühl treiben lassen? Ich bin gerne noch mit klassischen Landkarten unterwegs. Im Gegensatz zu Navigation und Reise-App können sie nicht alle Fragen gleich beantworten.

Das Neue lebt. Karten und offene Fragen begleiten fernab jeder sterilen Informationsübermittlung. Eine abgegriffene Straßenkarte, ein Reiseführer mit Eselsohren, all das strahlt Ruhe aus. Sich der Gelassenheit hinzugeben, nicht alles geplant zu haben.

Und manchmal habe ich dann tatsächlich das Gefühl: Hier hat Gott mich hergeführt. Hier hat er eine Ruhestatt für mich gefunden. Gott meinte es gut mit mir, er meint es gut mit uns.

Immer wieder erfahre ich diese klare Sicht. Unterwegs sein und mich auf das Suchen des Schöpfers einlassen.
*Ich will dir eine Ruhestatt schaffen, dass dir's wohlgehe.*

Siehe, dieser Stein soll Zeuge sein über uns, denn er hat gehört alle Rede des HERRN, die er uns geredet hat.
Jos 24,27

Steine. Eine kitschigere Metapher wird schwer zu finden sein. Kein Altar, auf dem nicht schon Steine abgelegt wurden. Das Schwere im Leben benölt wurde.

Diese Steine sind einfach nur Deko. Sie gestalten eines meiner "All-time-Lieblingsbilder". Entschuldigen sie bitte den Anglizismus.

In dem Bibelvers hat der Stein gehört, was Gott uns gesagt hat. Okay, vielleicht doch noch ein geeignetes Bild. Es hilft uns die Kleingeistigkeit abzulegen.

Dem GROßEN Raum geben.

Hinhören, wenn Gott uns etwas sagt. Gerade dann, wenn neue Eindrücke erscheinen, wenn das Leben das Unterwegs sein bejubelt. Gott redet mit uns, ja, nur halt auf seine ganz eigene Art.

Einfach mal hinhören.

So lasst uns auf sein und bauen! Und ihre Hände wurden gestärkt zum Guten.
Neh 2,18

Reisen bedeutet häufig Kulissen ansehen. Tolle Fassaden, herausgeputzte Sehenswürdigkeiten und aufgeräumte Plätze.

Baustellen gehören nicht zum normalen Besuchsprogramm, es sei denn es sind besondere Baustellen.

Warum eigentlich nicht? Ist nicht unser Leben, unser Umfeld, die Welt, eine einzige pausenlose Baustelle? Im positiven Sinn, es bewegt sich ständig etwas. Das Leben geht weiter, es wird nicht langweilig.

Im negativen Sinn: der Plan ist nicht abgestimmt. Menschen haben unterschiedliche Pläne. Wir finden keine Ruhe. Es entsteht Chaos. Tohuwabohu nennt das die Bibel.

Auf Reisen ist Platz, über die eigenen Baustellen, die Baustellen der Welt und wie das alles zusammenhängt, mal nachzudenken.

Gott sagt uns, dass er uns dabei hilft. Er hat einen Plan für uns. Wenn wir ihn kennen lernen, denn sind die "guten Werke" eine fortbestehende Aussicht. Baustellen im Urlaub können etwas Spannendes sein!

Es sind auch viele andere Dinge, die Jesus getan hat; so sie aber sollten eins nach dem andern geschrieben werden, achte ich, die Welt würde die Bücher nicht fassen, die zu schreiben wären.
Joh 21,25

Unterwegs sein bedeutet, es gibt viel zu entdecken. Die Welt ist ein einziges großes Ereignis. Laut Lexikon kommt das Wort Ereignis aus dem neuhochdeutsche Begriff *eräugen, bedeutet:* vor Augen stellen.

Unterwegs sein ist nichts anderes, als die Welt sich vor die Augen zu stellen. Was da alles in der Bewegungslosigkeit zu sehen ist. Mitunter verweilt der Zeiger auf Stopp. Die Welt ist eine gigantische Fotoshow in reell.

Nähme man den Vers ins Moderne herüber, dann lautete er vielleicht so:

Die Schöpfung Gottes ist unendlich groß. Lagerten wir alles Material auf Internet - Blogs oder Youtube-Videos, die Speicher würden nicht ausreichen, um nur einen Bruchteil zu erfassen.

Unterwegs sein ist die Inventarisierung des Bruchteils im Augenblick. Gott hat uns seine Schöpfung anvertraut, wir dürfen sie *erfassen*.

Lasset uns halten an dem Bekenntnis der Hoffnung und nicht wanken.
Hebr. 10,23

Festhalten und loslassen; zwei zentrale Begriffe des Lebens. Immer wieder treffen wir Entscheidungen woran wir festhalten und was wir loslassen.

Ich erfahre täglich; Loslassen macht vielen Menschen Angst. Was kommt danach? Werde ich etwas bereuen? Habe ich alle Aspekte durchdacht?

Der Bibeltext sagt uns, woran wir wirklich festhalten sollen. Die Hoffnung, dass Gott an unserer Seite ist, lässt uns sicher stehen. Sie verortet uns in einer wankenden Welt.

Jesus hat Menschen immer wieder zum Loslassen animiert. "Kommt, folgt mir nach!" - der berühmte Satz zu den Fischern, die seine Jünger wurden. Eine Aufforderung mit Konsequenzen.

Aber sie war geerdet in der festen Hoffnung, dass Gott bei allem Wanken an unserer Seite ist. Gerade im Urlaub, auf Reisen, haben Gedanken einen Raum der Freiheit, in dem Loslassen und Festhalten Klarheit finden: - Was kann ich erkennen?

- Weg
- Ziel
- fragen
- erfahren
- Gott

In einer Weiterbildung wurden mir als Übung eine Reihe von Wörtern mitgeteilt. Aufgabe war es, eine Geschichte zu schreiben, in der all diese Wörter vorkommen.

*"Manchmal wünsche ich mir, das Ziel meines Lebens präzise zu kennen. Wenn ich unterwegs bin, dann weiß ich ja auch, wo es hingehen soll. Ich möchte mehr davon erfahren, welcher Weg für mich der Richtige ist. Gerne würde ich Gott dazu fragen."*

Dies mein formulierter Text.

Ich bin mir sicher, der wäre bei vielen Menschen so, oder so ähnlich entstanden. Wer möchte nicht auch gerne mal mit Gott, die Grundfragen des Lebens besprechen!

Ach ja, hier der Vers, dem die Worte entnommen sind:

Frage doch Gott, dass wir erfahren, ob unser Weg, den wir wandeln, auch wohl geraten werde.
Ri 18,5

Tel.: 451-6500
ESMA
www.esma.hu

Das wäre ja auch ein Wunder gewesen, wenn in einem solchen Buch nicht auch das Thema Zeit irgendwie auftauchen würde. Wie schmalzig und klischeehaft bin ich eigentlich unterwegs?

Ich ertappe mich beim Arbeiten an diesem Buch bei genau solchen Gedanken. Und die Uhr zeigt auch noch theatralisch an: Bald ist es zwölf!

Was könnte da für ein Bibelvers dazu passen? Ich will unterwegs die Zeit vergessen. Ich wünsche mir, dass der Zeiger verharrt. Und ich will nicht das tun, was sich aufdrängt. Alles hat seine Zeit?

Nein, der ist besser:

Da werden die Erschlagenen des HERRN zu derselben Zeit liegen von einem Ende der Erde bis an das andere Ende; die werden nicht beklagt noch aufgehoben noch begraben werden, sondern müssen auf dem Felde liegen und zu Dung werden.
Jer 25,35

Dies aus der Abteilung: Denn er versteht nicht was er tut!

Ich lasse meine Gedanken an Zeit, zu Dung auf dem Feld werden und lebe!

Und sie traten in das Schiff, und der Wind legte sich.
Mt 14,32

Super Vision, ich bin mit Jesus im Leben unterwegs, setze mich mit Ihm in mein Lebensboot und der Wind legt sich. Wer das glaubt, ist entweder weltfremd oder endlos naiv.

Natürlich haben wir es im Leben immer wieder mit Wind, Sturm, Regen und all dem zu tun, was sich unangenehm anfühlt. Was uns mitunter aus der Bahn wirft.

Gerade unterwegs ist man diesem unkalkulierbaren Klima viel direkter ausgesetzt. Und wer fremde Menschen kennenlernt, kann erfahren, dass es Wind überall gibt.

Mir ist immer wieder neu wichtig, dass dieser Vers, wie viele andere mit ähnlichem Inhalt, nicht in der salbungsvollen Kelleretage, verwirrter Hyper-Pharisäer missbraucht wird.

Meine Erkenntnis ist zunächst, dass man im Sturm besser das Segel einholt. Dabei hilft mir mein Glaube. Wenn ich nur noch ohnmächtig das aufgeblähte Lebenssegel anschaue, unterstützt mich die Hoffnung auf Gottes Nähe.

Und er hilft mir, wieder in ruhigeres Fahrwasser zu kommen. Probieren Sie es mal aus.

Und der HERR erschien Salomo zu Gibeon im Traum des Nachts, und Gott sprach: Bitte, was ich dir geben soll!
1. Kön 3,5

Unterwegs sein hat etwas mit der Erfüllung von Träumen zu tun. Wir träumen von Freiheit, von Unabhängigkeit, von einem erfüllten Leben.

Überall auf der Welt haben Menschen solche Träume. Lediglich die Herangehensweise ist eine völlig andere. Der Tellerwäsche in Amerika, glaubt sein Traum vom Millionär erfülle sich durch harte Arbeit.

Der Schuhputzer in Asien hofft auf andere Weise auf die Umsetzung seiner Träume.

Manch einer erwartet, dass Gott seine Träume erfüllt. Vielleicht hat er das ja bereits getan! Vielleicht hat er uns Gaben und Fertigkeiten mitgegeben, die unsere Träume wahr werden lassen.

Unterwegs Neues wahrnehmen bedeutet, den Blick auf mich selbst zu schärfen. Erkennen was Gott mir mitgegeben hat. Und dann um Weisheit bitten, diese Gaben zu benutzen. Unterwegs sein ist auch die Suche nach dem Verborgenen.

VENEZIA
ITALIA
fuck
facebook
I've got real
friends!
ITA LIA

Und Nehemia bleibe lange in Erinnerung.
Sir 49,13

Nehemia sollte lange in Erinnerung bleiben, weil er als Statthalter von Juda die zerstörte Stadtmauer wiederaufgebaut hat. Diese Stadtmauer war im übertragenen Sinne das "Erinnerungs - Souvenir" der Menschen seiner Zeit.

Unterwegs die wunderbaren Momente, die Eindrücke, die Bilder konservieren, wer wünscht sich das nicht. Hätten die Menschen zu Nehemias Zeit bereits Handys gehabt, wie viele Bilder wären wohl von der Stadtmauer aufgenommen worden.

Puristen sagen dann gerne, dass die Reise, die Begegnungen, die Bilder, die Geräusche, die Gerüche am besten im Herzen ihren Platz haben.

In einem mir sehr vertrauen Lied heißt es: Selbst Souvenirs sind nichts als Spuren im nassen Sand, die nach und nach der Wind verweht. Solange sie frisch sind -alles klar- doch irgendwann ist es vorbei, wie es halt so geht.

Ja stimmt und doch: Auch dieses Buch ist für den Autor der Versuch, Erinnerungen zu pasteurisieren. Sie lange haltbar aufzubewahren. Was trage ich noch lange in meinem Herzen? Eine große Aufgabe- unterwegs.

Er soll sich ansehen, welche Zerstörung sie über uns und das Land des Königs gebracht haben
1. Mak 7,7

Geradezu vorwurfsvoll schauen mich die Hausreste am Fuße des Ätna auf Sizilien an. Sieh mich an, was die glühende Lava alles anrichtet.

Hier extrem, so begegnet mir dieses Phänomen regelmäßig beim Reisen. Eine Fassade buhlt um Beachtung, eine Schneise im Wald schreit nach Zuwendung.

Der Bettler auf dem herausgeputzten Marktplatz, vielleicht kann ich ihn vom digitalen Erinnerungsfoto wegretuschieren. Im Urlaub hätten wir doch ganz gerne Kulissen, antiseptisch wie ein Operationssaal.

Das Leben ist anders, sagt uns der Vers. Reisen bedeutet hinschauen. Die Zerbrechlichkeit des Lebens unterwegs wahrnehmen. Ich sehen die Zerstörung an Gottes Schöpfung.

Das ist immer wieder eine Herausforderung aber auch Auftrag. Wir sind privilegiert. Wir dürfen den exakten Augenblick erfahren. Und wir sollen die fragile Schöpfung achten. Sie ansehen, wenn Zerstörung droht.

Mose sprach aber: Mein HERR, sende, welchen du senden willst.
2.Mose 4,13

Das ist doch eine eindeutige Ansage. Mose winkt dankend ab. Die Aufgabe ist mir eine Nummer zu groß. Ich fühle mich dem nicht gewachsen. Ich habe doch schon mit meinem alltäglichen Leben genug zu tun.

Wer kennt das nicht? Und doch, wir funktionieren im Alltag. Stellen uns unseren Aufgaben. Arbeiten die Aufgaben ab. Unsere Aufgaben? Aufgaben die uns andere überstülpen? Aufgaben die uns erdrücken. Wir funktionieren im Alltag. Irgendwie funktionieren.

Unterwegs sein schafft Abstand. Einmal aus der Distanz schauen ob der Weg gerade aufwärts oder abwärts geht. Das Funktionieren **verlieren** -welch weihevolle Wortkomposition! Sich dem Funktions-Dogma unserer Zeit entziehen.

Reisen schärft den Blick. Distanz und neue Eindrücke helfen mir, mein Funktionieren neu einzutakten. So, dass ich wieder für mich, mein Leben, meine Lebenswerte funktioniere. Mose konnte sich Gott nicht entziehen. Aber Gott hat ihm im weiteren Verlauf geholfen den Weg zu bestehen. Wo brauche ich Hilfe, um abzuwägen zwischen Auftrag und Funktion. Hinschauen!

Es brachen aber auf die ersten nach dem Wort des HERRN durch Mose.
4. Mose 10,13

Reisen ist Aufbruch. Bedeutet, die Komfortzone zu verlassen. Bedeutet sich Gedanken zu machen. Was erwartet mich am Ziel? Wie bestreite ich den Weg? Was muss ich im Detail bedenken?

Vielen Menschen machen Aufbrüche Angst. Diese Angst lässt sich bewältigen, eindämmen. Es gibt Reisen die sind so pauschal, dass man sie auch Mittels Malen nach Zahlen, mit ein paar Strichen hinwerfen könnten.

Spannend wird es, wenn sich der Aufbruch das erste Mal vollzieht. Wenn Dämme brechen, weil sie sich aus dem erdachten Segments befreien. Wenn der Horizont nur noch aus der Linie besteht, die sich weit hinten auflöst.

Wenn sich der Aufbruch vollzieht, dann fängt Leben an. Dazu braucht es Mut. Leben braucht Mut. Dazu braucht es Vertrauen. Dazu braucht es Neugier, auf alles hinter der nächsten Kurve.

Ich weiß nicht mehr, wann sich bei mir der erste Aufbruch vollzog. Aber ich weiß, was ich damals schon im Gepäck hatte. Es war die Zusage: "*Siehe ich bin bei dir alle Tag*".

Und die Klarheit des HERRN leuchtete um sie; und sie fürchteten sich sehr.
Lk 2,9

Für den Philosophen G. W. Leibniz ist Klarheit ein Maß für die Übereinstimmung der eigenen Wahrnehmung mit der Wirklichkeit. Allein diese Feststellung ist schon wieder unklar, wenn man sie hinterfragt. Wessen Wirklichkeit?

Das Ringen um Klarheit ist eine der anspruchsvollsten Herausforderungen für uns Menschen. Unterwegs sein bietet die Chance durch Unklarheiten hindurch zu schauen. Hinter den Schleier der täglichen Anfragen, Anfechtungen und Verunsicherung zu schauen.

Stellt sich hierbei doch zunächst die Frage, welche Klarheit es sein soll. Welche Wirklichkeit es sein soll. Wer diese Begriffe zu Ende denkt, wird schnell klarsehen, warum im Vers festgestellt wird: "... und sie fürchteten sich sehr".

Der Blick auf die Klarheit des Herrn, die Wirklichkeit die Gott geschaffen hat wird uns erspart. Aber die Aussicht, dass es eine Klarheit des Herrn gibt, dürfen wir als Ereignis mitnehmen. Darauf, dass wir unterwegs eine Freiheit haben, die uns einen Blick hindurch finden lässt. Schauen sie hin, es lohnt sich allemal.

Zur letzten Zeit werdet ihr's wohl erfahren.
Jer 23,20

Wann ist die letzte Zeit? Wer ist genau *ihr*? Was bedeutet wohl erfahren? Allein in dem einen Halbsatz befinden sich Fragen, über die man eine ganze lange Reise und darüber hinaus nachdenken kann.

Die abschließende, die letzte Klarheit habe ich für mich auf später verschoben. Trotzdem schaue ich gerne hin. Dann wenn sich die Schleier lichten

Gerade wenn ich unterwegs bin, habe ich den Kopf frei. Frei von der alltäglichen Begrenztheit. Frei von Schranken, Mauern und anderen Hindernissen.

Manchmal frage ich mich warum die Klarheit so schwer zu finden ist. Menschen mit großer Klarheit sind häufig entweder solche, die auf alles und jedes die einfache Antwort parat haben.

Oder solche, die erkannt haben, dass wir die letzte Klarheit, die zur letzten Zeit, heute einfach nicht finden können. Aber hier und da erfahren ich einen kurzen klaren Augenblick. Den wünsche ich Ihnen, einfach mal bewusst hinschauen.

Wo kann ich heute etwas klar erkennen.

Laß mich hinübergehen und sehen das gute Land jenseits des Jordans.
5.Mos 3, 25

Je nach Reiseziel, sind Brücken im allgemeinen ein immer wiederkehrendes Motiv. Gerade in unserer heutigen Zeit bedeutet das unbeschwertes Reisen.

Muss man einmal an einer Brücke warten, weil zum Beispiel ein Schiff unseren Weg kreuzt, dann lohnt es sich inne zu halten.

Die Frage nach den Brücken und damit Verbunden den Hindernissen in unserem Leben ist mir wichtig. Wo komme ich gut voran? Wo stockt es eher.

Über Brücken zu gehen ist meistens leicht. Das Überwinden von Hindernissen ist es nicht immer. Welchen Hindernissen weiche ich aus? Welche Flüsse sind mir zu breit, zu reißend, zu nass?

Hindernissen auszuweichen hat etwas Verzweifeltes. Wir erahnen maximal, was uns erwarten könnte. Der Blick auf das gute Land wird verstellt.

Hinübergehen kann eine Alternative sein.

سكي دبي
SKI DUBAI
FREE!
ONE YEAR
DENTAL
CARE!
VERSAILLES

Weißt du auch, daß sich die Pharisäer ärgerten, da sie das Wort hörten?
Mt 15,12

Woran nehmen wir Anstoß? Die überlange Bearbeitungszeit in einer deutschen Amtsstube, oder der Drängler auf der Autobahn, oder die Obszönität einer Ski - Halle mitten in der arabischen Wüste?

Anstoß nehmen hat etwas mit unserer persönlichen Lebenswelt zu tun. Wir nehmen Anstoß an unseren Eigenarten oder doch den Alltäglichkeiten?

Die Pharisäer zu Jesu Zeit waren schon damals genauso getaktet. Da kommt einer und weiß wie es richtig geht. Schaut einfach mal aus einer anderen Perspektive.

Unterwegs haben wir die Gelegenheit, den Blickwinkel zu wechseln. Wir sind raus aus unserm Alltag. Wir haben die Möglichkeit fernab von allem, was uns so anstößig erscheint.

Unser Weltbild scheint im Alltag zu Ende erzählt. Anstoß nehmen heißt die Deutungshoheit unserer täglichen Trivialität neu auszurichten.

Woran nehmen Menschen an anderer Stelle Anstoß? Manchmal ist es eine Offenbarung, die eigene einfältige Perspektive zu erweitern.

Ihr ja gehört habt von dem Amt der Gnade Gottes.
Eph 3,2

Gnade bedeutet, Gott wendet sich uns zu. Das Ganze, ohne dass wir überhaupt etwas dafür tun müssen. Gnade findet statt. Ob wir wollen oder nicht. Der Jurist würde von einer einseitigen Willenserklärung sprechen.

Diese Erkenntnis hat schon eine frivole Dimension. Wenn ich so etwas wie Gottes Gnade einfach so geschenkt bekommen, dann kann man schon auf kuriose Gedanken kommen.

Genau deshalb wird im Epheserbrief vom *Amt der Gnade Gottes* gesprochen. Was steckt hinter diesem Auftrag? Gilt der nur für Paulus, als dem Autor dieser Zeilen.

Wer die Gnade Gottes erfahren hat, bei dem hat sich etwas verändert. Auch wieder ohne sein zu tun. Wer diese Gnade in seinem Herzen mitträgt, der kann gar nicht anders. Er hat den Auftrag dabei.

Gerade unterwegs darf man sich dem gerne mal wieder bewusstwerden. Wo in meinem Alltag bildet sich die Gnade denn ab. Bin ich vielleicht bereits derart teilnahmslos, dass nichts mehr zu entdecken ist.

Vielleicht kommen sie, liebe Leser, ja wieder neu mit einem Auftrag zurück.

HARD ROCK CAFE
BERLIN
JUNE 3-5, 2016
BENEFITING
SONNENHOF BERLIN
VIP

Güte und Treue begegnen einander, Gerechtigkeit und Friede küssen sich.
Ps 85,11

Begegnen ist eines der großen Themen. Unterwegs wie auch zu Hause. Ich bin im Shop des Hard - Rock Café in Berlin. Ich frage nach einem Schlüsselband.

Das Gespräch mit der Verkäuferin entwickelt sich zur Begegnung. Sie hat kein offizielles Band, verschwindet aber kurz in den Katakomben. Was sie mitbringt ist ein VIP - Band aus dem vergangenen Jahr.

Sie schenkt es mir mit dem Hinweis: Ich muss dich aber mal drücken, weil dass so ein nettes Gespräch war. Dafür bin ich auf reisen. Um mit Menschen ins Gespräch zu kommen, Um "*so nette*" Gespräche zu führen.

Mit Blick auf den Vers wird eines deutlich. Wo sich Menschen in Güte und Treue begegnen, da wird der Friede Gottes möglich. Dort erfahren wir den Shalom, den alles umfassenden Frieden.

Lassen sie sich auch drücken. Friede sei mit ihnen!

Und nun zog er wieder heim und saß auf seinem Wagen und las den Propheten Jesaja.
Apg 8,28

Der Reisende, vom dem hier erzählt wird war auf der Suche. In Jerusalem wollte er das finden, was Gott offensichtlich in sein Herz gepflanzt hatte. Aber er war ein Fremder. Im Tempel konnte er die Ablehnung mit Händen greifen.

Die Reise war wohl vergeblich. Er kauft sich aber noch eine biblische Schriftrolle. Dort liest er vom Propheten Jesaja. Was ihm die Menschen verweigern, erhält er von Gott. Er begegnet sogar noch einem, der ihn ein Stück auf seiner Glaubensreise begleitet.

Er macht die Erfahrung, dass Gott nicht in einem großen Haus, Kirche, Tempel oder ähnlichem zwangsläufig zu finden ist. Stattdessen in dem, der ihm begegnet. Der ihn begleitet, der sich ihm zuwendet.

Ablehnung und Annahme, wie präsent sind doch diese beiden Begriffe in unserm Leben. Im Alltag und auch gerade unterwegs. Auf Reisen sind wir darauf angewiesen, dass sich Menschen uns zuwenden.

Kirchen anschauen und Gott in den Menschen finden. Das kann unterwegs wirklich bereichern. Einfach mal ausprobieren.

Behüte mich Gott, ich vertraue dir. Du zeigst mir den Weg zum Leben.
nach einem Lied der Communaute Taize

Wo bitte geht es zum Leben? Diese Frage ist Grundlage für jeden Menschen, um den Weg zu finden. Den Weg zum Leben.

Leben kann man in vielerlei Hinsicht beschreiben. Biologisch, physikalisch und auch chemisch lassen sich Definitionen ausfindig machen, die das Leben erklären sollen.

Um den Weg zum Leben zu finden, ermutige ich hinzuhören, welche Koordinaten tatsächlich gute Dienste leisten. Was ist das für ein Leben, dass Gott für mich gemeint hat? Was ist meine Bestimmung?

Ich spüre in mich hinein auf der Fährte dessen, was mein Leben ausmacht. Gerade auf Reisen, im Unterwegs haben wir Gelegenheit, diese Spur Gottes wieder ganz neu aufzunehmen.

Gottes Weg zum Leben. Wer den für sich gefunden hat und sei es nur im Moment, der weiß sich behütet. Der Weg Gottes bietet mir all das, was ich auf meiner Lebensreise tatsächlich benötige. Wir sind bedingungslos versorgt.

Jesus hat mit seinem Leben unveränderliche Fußspuren in unseren Herzen hinterlassen. Reisen auf dieser Spur ist der Weg zum Leben.

Und da wir gen Syrakus kamen, blieben wir drei Tage da· Und da wir umschifften, kamen wir gen Rhegion.
Apg 28, 12-13

Menschen waren zu allen Zeiten unterwegs. Die Motivationen mögen auf den ersten Blick völlig unterschiedlich gewesen sein. Trotzdem ist eine Feststellung zentral. Wer Unterwegs ist, dem ist etwas wichtig.

Andere Länder, andere Kulturen, andere Menschen kennen lernen. Mich selbst kennen lernen. Paulus war auf dem Weg über Syrakus nach Rom. Seine Mission, den Glauben in die Welt zu tragen, das war ihm wichtig.

Was ist mir wichtig? Was ist mir auf meiner Reise wichtig? Was ist mir in meinem Leben wichtig. Unterwegs gewinnen wir einen ganz neuen Blick. Mit Abstand kann es leichter fallen, wichtiges von unwichtigem zu trennen.

Was ist wirklich wesentlich in meinem Leben? Was hat Bedeutung? Was ist mein Besitz und wovon werde ich in Besitz genommen? Für Paulus war seit der Begegnung vor Damaskus klar, was in seinem Leben zählt.

Was zählt in meinem Leben?

Das ist das erste Zeichen, das Jesus tat, geschehen zu Kana in Galiläa, und offenbarte seine Herrlichkeit.
Joh 2,11

Das erste Wunder von Jesus geschah auf der Hochzeit von Kana. Eine Hochzeit ist Lebensfreude. Zwei Menschen geben sich das Jawort und während der anschließenden Feier darf man pure Lebensfreude unterstellen.

Ich habe große Sympathie mit dem Gedanken, dass es Gründe dafür gibt, ausgerechnet hier mit dem öffentlichen Wirken zu beginnen. Uns Menschen ist ein fröhliches ein glückliches ein erfülltes Leben zugedacht.

Für manchen mag diese Feststellung zynisch klingen. Zugegeben, es gibt Biographien, die scheinen zu der Feststellung nicht zu passen. Manche Dinge im Leben kann man nur aushalten, indem man sie "stehen lässt".

Alles Weitere in meinem Leben, es lohnt das hinschauen. Bewerten, Konsequenzen ziehen. Warum stelle ich mir nicht mal selbst diese Frage: Wo ist meine Leben glücklich, erfüllt und fröhlich. Wo kann ich dafür noch etwas tun?

Wo kann ich die für mich offenbarte Herrlichkeit finden? Unterwegs mit der Suche zu beginnen, dass wünsche ich ihnen.

SODA-Seite

...einfach so da!

*(gewidmet meinen Söhnen)*

Und eilte und goß den Krug aus in die Tränke und lief abermals zum Brunnen, zu schöpfen, und schöpfte allen seinen Kamelen.
1. Mose 24,20

Es gibt Momente, da kann man sich nur noch wundern. Vor nicht allzu langer Zeit machte eine Meldung die Runde, dass die Bibel an manchen Stellen neu geschrieben werden muss.

Anlass war eine neue Forschungsanalyse aus Tel Aviv, nach der angeblich zu Zeiten des Alten Testaments noch gar keine Kamele im Heiligen Land lebten.

Sei es drum, für mich sind daran zwei Sachen wichtig!

Zum einen, falls Kamele tatsächlich so schlau sind, wie ich sie einschätze, dann werden die sich wahrscheinlich nur wundern. Haben die Menschen eigentlich keine anderen Probleme, als sich darüber zu streiten, was Kamele vor über 2000 Jahren gemacht haben?

Zum zweiten, dass ich daran lerne, mit Dingen, die ich nicht begreifen, ändern oder verstehen kann, gelassen umzugehen. Einfach mal Gott übergeben. Das kann man auf Reisen wirklich gut lernen. Wenn ich in einem Land etwas nicht begreife, begreifen kann, oder will, dann ist es bei Gott gut aufgehoben.

Reisen bildet nicht nur, es übt uns auch in Gelassenheit.

Wo ihr aber in ein Haus geht, so grüßt es, so wird es euer Friede
Mt 10,12

Was für eine schöne Vorstellung. Ich betrete ein Haus und wünsche den Bewohnern Frieden. Nicht irgendeinen Frieden. Den Frieden, der mit Shalom bezeichnet ist. Der Frieden der von Gott kommt und jedem Menschen gilt.

Frieden, das ist mehr als nur die Abwesenheit von Gewalt. Frieden ist göttliches Heil. In den Emiraten kann man eine Moschee mit Führung besichtigen. Dort wird erläutert was alles wichtig ist für die dortigen Gläubigen.

Der Araber erklärt die Fußwaschung, die einzelnen Gebetszeiten, die Ordnungen in der Moschee und warum aus seiner Sicht, Frauen und Männer an unterschiedlichen Stellen beten sollen.

Frieden bedeutet auch, hier meine westliche Arroganz abzulegen. Shalom bedeutet genau hier, dass ich mich dazu herausfordern lasse, den Besuchern des Hauses Frieden zu wünschen. Auch dann, wenn ich mich an deren Lebenswerten reibe.

Angefühlt hat sich der schuhlose Moschee-Besuch nach Shalom. Schließlich ist noch niemand auf Strümpfen in den Krieg gezogen.
Friede sei mit dir.

SCANIA
MAN
COMAS

Reiche und Arme müssen untereinander sein; der HERR hat sie alle gemacht.
Spr 22,2

Auf Reisen kann man einüben, was häufig im Alltag nicht gelingen will. Dann wenn der Weg eng wird. Unterschiedliche Menschen begegnen sich. Der andere ist Fremd. Bleibt fremd. Es fehlt der Wille, einander zu entdecken.

Begegnen und begegnen sind zwei ganz unterschiedliche Sachen. Wenn es im Vers heißt: "... der Herr hat sie alle gemacht", dann wird damit eine zentrale Aussage transportiert.

ALLE... sind mit der Würde ausgestattet, die Gott mitgibt.

Jeder Mensch hat diese Würde. Ob arm ob reich, ob dick oder dünn, ob klug oder von schlichtem Gemüt. Manchmal ist es Zeit, sich diese Feststellung mal wieder ins Bewusstsein zu rufen.

Mir fällt das unterwegs leichter. Ich kann gar nicht sagen, warum das so ist. Aber ist merke, dass es mir guttut, diese Erkenntnis mit in den Alltag zu nehmen. Dann kommt man auch an "sperrigen" Persönlichkeiten vorbei, ohne ihnen ihre Würde zu nehmen.

Veränderung beginnt allein im Herzen.
Sir 37,17

Wer mit offenen Augen und Ohren unterwegs ist, wird sich wundern, wie viele Menschen sich nach Veränderungen sehnen. Da ist die Wohnung nicht recht, der Beruf, die Gemeinde nervt oder die Menschen die mir am nächsten sind, sollen besser Abstand halten.

Die meisten Menschen haben Angst vor Veränderungen. Da muss man vertrautes loslassen. Mitunter ohne Netz oder doppelten Boden losziehen. Sich Strömungen und den Elementen aussetzen.

Wer sich auf Veränderungen einstellt, beginnt dies am besten im Herzen. Wohin soll mein Weg gehen? Ist der offensichtliche auch der wahre? Gibt es vielleicht einen Weg, den Gott für mich vorgesehen hat?

Ich kenne den Weg vom Immobilienmanager zum Theologen. Steinig war er. Gesäumt von kantigen Bedenkenträgern. Wenn neunundneunzig von hundert, mahnend die Hand heben, beginnt auch das dickste Fell, dünn zu werden.

Unterwegs ist unser Herz auf ganz eigentümliche Art und Weise bereit. Der Druck zu Hause ist weit weg. Wenn nicht jetzt, wann dann? Veränderung beginnt im Herzen.

Laß deine Brüste sein wie Trauben am Weinstock und deiner Nase Duft wie Äpfel
Hoheslied 7,9

Es gibt Texte und es gibt Bilder, die haben eins gemeinsam. Ich mag sie einfach. Ohne dass ich eine passende Begründung dazu liefern kann. Manches ist richtig, einfach indem man es mal wirken lässt.

Das Bild von der Dubai - Marina. Für mich einer der ganz magischen Orte. Einmal dort, lösen sich all die hochmütigen Vorurteile und Bedenken in Staub auf, der im reichlich vorhanden Wüstensand untergeht.

Der frivole Text aus dem Alten Testament. Seit ich den Text kenne frage ich mich, wie ich den verorten, auslegen, verstehen soll. Muss ich nicht!

Ich habe aufgehört ihn exegetisch zu betrachten. Kann mich einfach daran freuen. Zum einen, dass es zu allen Zeiten Menschen gab, die offensichtlich an gegenseitiger körperlicher Nähe Freude hatten.

Zum zweiten, dass Gott auch hierfür in seiner Botschaft Platz hat. Es ist schön, Orte, Texte, Menschen zu mögen, einfach so ohne Begründung, ohne Rechtfertigung ohne Anlass.

Und da er von dem Wein trank, ward er trunken und lag in der Hütte aufgedeckt.
1.Mose 9,21

Noah nackt im Zelt. Auch noch betrunken. Eine Situation in der ein Mensch so unfassbar hilflos wirkt. Verletzlich, ungeschützt und angreifbar. Begriffe die Angst machen.

In unserm Alltag zeigen wir uns gerne stark, unverwundbar und souverän. Alles andere wäre Schwäche. Was für ein Theater!

Schaut man sich Biographien von Menschen an, die schwere Brüche in Ihrem Leben hatten, wird dies deutlich. Es gibt Momente da müssen wir loslassen.

Die Vorstellung loslassen, dass wir alles im Leben steuern können. Unterwegs wird dies besonders deutlich. Das Koordinatensystem unserer persönlichen Schutzbarrikaden verschiebt sich.

Auf Reisen wird klar, wie fragil unser Leben ist. Verwundbar, zerbrechlich, empfindlich. In solchen Situationen tut es gut, sich daran zu erinnern, dass Gott mit uns ist. Der Theologe Helmut Gollwitzer hat treffend formuliert:

"*Ab Windstärke Zehn gibt es keine Atheisten mehr*"

Der HERR hat geredet, er wolle wohnen im Dunkel.
2. Chr. 6,1

Wer will schon im Dunkeln wohnen? Was finde ich im Dunkeln? Ich sitze in einer Kirche in Berlin Dahlem. Es ist an manchen Stellen dunkel, an anderen lassen die Fenster Licht herein.

Ein älterer Herr kommt in die Kirche und bleibt bei mir stehen. „Möchten sie etwas über die Kirche wissen?“ Ich nicke. „Hier hat er gebetet.“ Claus Philipp Maria Schenk Graf von Stauffenberg, so sein vollständiger Name.

Hier hat er gebetet, bevor er auf direktem Weg losfuhr. Sein Weg zum Tyrannenmord. Er hat dem Dunkel ins Auge gesehen. Und er hat das Licht mitgenommen, dass er hier erkennen konnte.

Das Attentat misslang. Er wurde dann selbst Opfer der Schergen, des Tyrannen. Wie hat ihn Gott wohl an der Himmelspforte empfangen?

Reisen, unterwegs sein, ist nicht immer leicht. Ich verlasse die kleine Kirche, in Moll gestimmt. Aber ich habe etwas mitgenommen. Die Gewissheit, dass Gott mitkommt, wenn der Weg auch mal ins Dunkel führt.

Und am Abend war das Schiff mitten auf dem Meer und er auf dem Lande allein.
Mk 6,47

Immer wieder hat sich Jesus eine Auszeit genommen. Hat Zeit für sich selbst gesucht. Sich bewusst dem Rummel um seine Person entzogen.

Für sein wirken war es wichtig, mit vielen Menschen in Kontakt zu kommen. Dreitausend Hungrige werden satt gemacht. Jesus mittendrin. Von überall kommen die Kranken und lassen sich heilen.

Jesus ist uns Menschen hier ganz Vorbild. Nähe und Distanz sind für uns Begriffe, die immer nur dann in unserem Alltag auftauchen, wenn jemand ein Problem damit hat. Wenn ihn die Nähe unserer Zeit erdrückt.

Unterwegs sein bedeutet auch, sich der Nähe zu entziehen. Allein sein mit sich oder mit den Menschen, die einem guttun. Den Lärm des Alltags abzuschalten. Zu hören, welchen Lebenssound es bei mir gibt.

Unterwegs sein hat viel mit wahrnehmen zu tun. Zu aller erst mich selbst wahrnehmen. Wie klinge ich heute. Wie ist meine Stimmung? Bin ich vielleicht verstimmt? Lass sie sich auf eine neue Stimmung ein. Dur und Moll, so wie das Leben eben ist.

Hütet euch aber, daß eure Herzen nicht beschwert werden mit Fressen und Saufen und mit Sorgen der Nahrung und komme dieser Tag schnell über euch
LK 21,34

Welche ein prophetisches Wort, dass sich im Lukas Evangelium befindet. Alltagssorgen, die einen wie im Rausch umnebeln. Ob der Autor vor 2000 Jahre bereits gewusst hat, was uns heute bewegt?

Es ist schon erstaunlich, wie tagesaktuell die Heilige Schrift sein kann. Die Nummer mit den Alltagssorgen, wer kennt die nicht. Und auch, dass Menschen im Rausch den Alltagskummer temporär betäuben, ist nichts Neues.

Als Amy Winehouse damals an Ihrer Suchterkrankung gestorben ist, hat der Autor eines Nachrufs geschrieben. "*Amy hat versucht, den Schmerz des Lebens im Rausch zu ertragen.*"

Beim Reisen sind wir raus, aus unserm Alltag. Und auch unser Kummer unsere Sorgen sind hoffentlich auf Distanz. Zumindest bietet sich mit etwas Abstand die Gelegenheit, dass Schwere in unserem Leben ganz neu anzuschauen.

Lassen sie sich dazu ermutigen. Finden sie Trost in therapeutischer Distanz. Und übrigens direkt vor dem Vers steht bei Lukas folgendes: "Himmel und Erde werden vergehen, aber meine Worte vergehen nicht."

Gebrauchsanweisung
für das Leben

Die Steige ist wüst; es geht niemand mehr auf der Straße.
Jes 33,8

Wer sind Sie eigentlich, liebe Leser? Wer sich hinaus wagt, der setzt sich der Gefahr aus, etwas zu entdecken. Ich sitze in einer Lesung des Lieblings - Schriftstellers.

Nach der Lesung gibt es die Möglichkeit Bücher zu erwerben und diese auch signieren zu lassen. Ich sage ganz spontan aus dem Bauch heraus den Satz, den er mir dann auch hineinschreibt.

**Ralf der Reisende**

Was habe ich da gesagt? Spontan. Immer wieder lese ich die wenigen Worte. Sie fühlen sich gut an. Wenig durchdacht aber wahrhaftig. Hinauswagen, das war schon immer meins. Leere Landstraßen, wie wunderbar.

Hier finde ich unbekanntes. Treffe Menschen, die ich nie getroffen hätte. Esse Dinge, die ich nie gegessen hätten. Rieche Gerüche, die ich nie gerochen hätte. Höre Töne, die ich nie gehört hätte.

Und manchmal treffe ich mich. Und manchmal treffe ich Gott.

Grass
Arendt
Heine
Luther
Kant
Seghers
Hegel
Gebrüder Grimm
Marx
Böll
Schiller
Lessing
Hesse
Fontane
Mann
Brecht
Goethe
Germany
Land of Ideas

Die Weisheit klagt draußen und läßt sich hören auf den Gassen.
Spr 1,20

Der griechische Philosoph Sokrates wird beim Spaziergang über den Markt mit den Worten zitiert: *„Wie zahlreich sind doch die Dinge, deren ich nicht bedarf!“* Die Straßen und Plätze Athens, das war sein Revier.

Er scheint gewusst zu haben, was im Buch der Sprüche in ähnlicher Weise zu lesen ist. Dabei stand eben nicht das laute Rufen im Mittelpunkt. Hören, sehen, wahrnehmen, dem nachspüren was Menschen bewegt.

Weisheit hat ihren Anfang dort, wo andere etwas von sich preisgeben. Wo sie gewollt oder ungewollt davon erzählen, was sie bewegt. Diese Weisheit liegt oft wie ein offenes Buch vor uns.

Unterwegs haben wir die Freiheit, in diese offenen Bücher hinein zu schauen. In ihnen zu lesen, die "Autoren" kennen zu lernen. Gerade die Absurditäten des Alltags, verbergen häufig geheimnisvolle Erkenntnisse der Weisheit.

Der Vers ruft uns zu: *Hinaus auf die Gassen, auf dass ihr weise werdet.*

Jakob aber zog seinen Weg; und es begegneten ihm die Engel Gottes.
1.Mose 32,2

Sind Ihnen schon mal die Engel Gottes begegnet? Was soll das sein? Ich erinnere mich an eine Begegnung beim Kirchentag in Bremen. Mir kommen zwei Frauen im Engelskostüm entgegen, mit der Aufschrift „**Free Hug**“.

Freie Umarmung; und da wird man dann umarmt. Jetzt ist es natürlich nicht jedermanns Sache, von wildfremden Menschen umarmt zu werden. Aber das geht ja auch anders.

Wer mich umarmt, zeigt mir Vertrautheit, Liebe, Zuneigung oder Freundschaft. Sich den Menschen zuwenden, kann auch schon im positiven Sinn, eine Umarmung sein. In jedem Fall transportiert die Umarmung eine Botschaft.

Womit wir bei den Engeln wären. Diese gelten ja als mögliche Boten Gottes. Für mich steht hinter dem Vers die Frage, was will ich für eine Botschaft transportieren. Botschafter sind wir, ob wir es wollen oder nicht.

Wir haben allerdings einen Einfluss darauf, welche Botschaft wir im Gepäck haben. Für mich ist der Vers Grund, über mich als Botschafter nachzudenken. Wie will ich denn von den Menschen, die mir begegnen, wahrgenommen werden?

100

Ich muß ja doch ein Gottloser sein; warum mühe ich mich denn so vergeblich?
Hi 9,29

Es hilft ja nichts, auch unterwegs werden wir früher oder später mit Dingen konfrontiert, die alles andere als schön sind. Die desinfizierte reine Welt, findet man ausschließlich im Reiseprospekt.

Das kann ein brennendes Autowrack als Auslöser für einen Stau sein, dass kann der Mensch mit Krücken sein, der im Urlaubsort am Strand bettelt. Unweigerlich steht die Frage von Schuld im Raum. Ist Gott schuld, weil er nicht eingreift?

Die Frage nach Gott im Leid, ist so alt wie die Menschheit. Auch Hiob fragt in seinem großen Leid; warum Mühe ich mich denn. So nachvollziehbar menschlich wie die Frage ist, sie kann nicht beantwortet werden.

Würde es klare Handlungsabläufe zwischen Gott und den Menschen geben, Gott würde seine Almmächtigkeit verlieren. Ich "*mühe mich*", -- dann handelt Gott. Gott würde zur Marionette degradiert.

Ein allmächtiger Gott ist nicht verfügbar, dass müssen wir auch unterwegs immer wieder erkennen. Aber er ist auch in schwierigen Zeiten an unserer Seite, darauf dürfen wir vertrauen.

Du sollst ihn nicht leer von dir gehen lassen.
5.Mose 15,13

Ich erlebe unsere Zeit mitunter als ausgesprochen inhaltsleer. Menschen leben Ihr Leben, als ob sie noch eins im Schuhkarton hätten. Ich habe bereits 40-jährige kennen gelernt, die auf die Rente warten!

Wer so unterwegs ist, der steht zu Schluss tatsächlich mit leeren Händen da. Woraus sich die Frage aufdrängt: Was will ich denn darin haben? In meinen Händen? Was will ich irgendwann anschauen und JA sagen.

Das ganze natürlich nicht um mir die Gnade Gottes zu verdienen. dass wissen Christen spätestens seit Martin Luther, dass solches unmöglich ist. Trotzdem habe ich nicht den Eindruck, dass unser Leben leer gemeint ist.

Es ist keine ganz einfache Übung aber gerade unterwegs findet man vielleicht den besseren Zugang. Der Frage nachzuspüren, was der Sinn meines Lebens ist. Wie bin ich gemeint? Was ist meine Bestimmung?

Wer diese Frage für sich beantworten kann, der weiß dann vielleicht auch, wie sich seine Hände füllen lassen. Zumindest lohnt es sich, dieses Thema mal ganz neu für sich zu klären.

Und er sprach: Höret meine Worte: Ist jemand unter euch ein Prophet des HERRN, dem will ich mich kundmachen in einem Gesicht oder will mit ihm reden in einem Traum.
4. Mose 12,6

Propheten sind Menschen, die sich berufen sehen, die Botschaft Gottes zu verkündigen. Wendet man jetzt Luthers Lehre vom Priestertum aller Gläubigen an, dann sind auch SIE ein Prophet oder eine Prophetin.

Wenn wir Reisen, haben auch wir, jeder von uns eine Botschaft im Gepäck. Wie sind denn die Deutschen? Was macht einen Frankfurter aus? Wie verhält sich ein Christ im Leben? Wir werden unweigerlich an unserm Verhalten gemessen.

Ich gebe zu, ich musste mit mitunter schon auch mal fremdschämen. Ich hoffe dann immer, dass es mir gelingen möge, die Fettnäpfe in der Fremde zu umschiffen.

Gerade in Ländern mit geringem Wohlstand habe ich erfahren, dass Menschen von Deutschland träumen. Sie haben ein idealtypisches Bild, wie es dort sein muss.

Zugegeben es ist nicht immer gut, wenn besonders schräge Bilder oder Träume existieren. Trotzdem, je schärfer man auf etwas schaut, umso mehr Fragen drängen sich auf. Wie wir als Botschafter zurückschauen, dass kann unterschiedlich sein, aber wir sollten uns der Verantwortung bewusstwerden.

Und er legte sich und schlief unter dem Wacholder. Und siehe, ein Engel rührte ihn an und sprach zu ihm: Steh auf und iß!
1. Kön 19,5

Permanente Erschöpfung ist ein Zustand unserer Zeit. Und es hat Menschen schon immer erschüttert. Hat den Boden unter den Füssen erzittern lassen.

Manchmal kann Reisen zur Flucht werden. Nichts wie weg aus dem Stress unseres Alltags. Fort, nur fort und sich dem Druck entziehen.

Wir alle kennen solche Bedürfnisse. Es funktioniert natürlich nur bedingt. Trotzdem, unter dem Ginster schlafen, warum nicht.

In der Bibelgeschichte des Verses trifft es einen Propheten. Elia kann nicht mehr.  Irgendwie ringt er mit der Sinnfrage. Das kann gerade unterwegs durchaus eine spannende Erfahrung sein.

Hat das alles Sinn, was mir im Alltag so viel Mühe macht? Das ist die Stelle, Gott ganz neu zu suchen. Hinzuhören. Gerade in der Ruhe, kann Gott etwas mit mir machen.

Einfach mal hinlegen.

Und Jesus ging zum Tempel Gottes hinein und trieb heraus alle Verkäufer und Käufer im Tempel und stieß um der Wechsler Tische und Stühle.
Matt 21,12

Wer Städtereisen unternimmt, kommt unweigerlich nicht an ihnen vorbei. Den Geldwechslern unserer Zeit, beziehungsweise ihren Machtsymbolen. Hochhäuser. Giganten aus Glas und Stahl.

Würde Jesus heute all die, die der Koloss am Morgen so gierig verschluckt, noch vor dem Feierabend heraustreiben? Wie ist mein Verhältnis zu Geld, Ruhm und Macht?

In mir erweckt eine solche Skyline regelmäßig Demut. Dies allerdings nicht, weil ich erfolgreiche Menschen bewundere. Zumal bereits die Frage danach, was erfolgreich ist, zunächst zu klären wäre.

Demut deshalb, weil auch ich gerne und schnell mit Vorurteilen zur Hand bin. Banker gleich raffgierig, gleich skrupellos, gleich inhuman. Ist das so?

Mich Schauen in Gedanken all die Menschen an, die redlich bemüht sind, ihren Geschäften nachzugehen. Vielleicht ist der Vers ja auch dafür gut, nicht zu schnell zu beurteilen, zu verurteilen.

Gibson

Wer Ohren hat zu hören, der höre!
Mat 13,9

Mit Ohren kann man hören. Unterwegs gibt es manchmal ganz andere Dinge zu hören. Ich bilde mir immer ein, dass die U-Bahn in großen Metropolen ganz unterschiedlich intoniert.

Und was für die Ohren klar ist, gilt natürlich auch für unsere anderen Sinne. Wir sehen andere Farben. Wir riechen andere Gerüche. Wir spüren anderes Klima.

Als Jesus das Zitat gebraucht hat, ging es um das Verstehen der biblischen Gleichnisse. Wie ist das mit der Botschaft Gottes in unserer Welt. Kommt sie an? Ist sie vergeblich ausgesät.

Die Botschaft Gottes hat für uns den ureigenen Auftrag, dass wir Augen und Ohren für unseren Nächsten haben. Uns ihm zuwenden. Mit allen uns zur Verfügung stehenden Sinnen.

Das ist keine moralinsaure Metapher, sondern eine Erfahrung, die für mich gerade das Unterwegs sein so wertvoll werden lässt.

Denn genau durch dieses Gebrauchen meiner Sinne beim Auffinden in der Fremde, entstehen regelmäßig Begegnungen von ganz eigener Spannung. Ich wurde beim Hören noch nie enttäuscht.

Ich erinnere euch aber, liebe Brüder, des Evangeliums, das ich euch verkündigt habe.
1.Kor 15,1

Erinnern! Was ist mir eigentlich wirklich wichtig? Ich sitze an einem Tag im April im Fitnessstudio. Über mir mehrere Bildschirme, mit den gängigen verdächtigen Programmen.

Menschen beschimpfen sich vor Deutschlands bekanntester Richterin. Ein Privatdetektiv soll die fremdgehende Ehefrau ertappen. Der übliche Trash!

Dann wird die Sache wirklich grotesk. Links zeigt ein Nachrichtensender live, die Antrittsrede unseres neuen Bundespräsidenten.

Rechts läuft ein Interview mit einem Bundesligatrainer Abteilung "Lautsprecher", der fußballerische Belanglosigkeiten zu Staatsaffären aufbläst.

Mich würde mal interessieren, wer der Besucher gerade dem Bundespräsidenten zuhört. Die ganze Szene ist eine wunderbare Metapher, wie in unserer Zeit die Werte verschoben sind.

Wenn es im Vers heißt: "Ich erinnere euch,." dann ist, dass auch ein erinnern daran, was in meinem Leben wirklich wichtig ist. Gerade unterwegs sollte Zeit sein, das persönliche Koordinatensystem zu hinterfragen.

Es sind mancherlei Gaben; aber es ist ein Geist.
1. Kor 12,4

Ich gebe es ungern zu. Mir sind Menschen ein Gräuel, deren Rückgrat eher zu den Weichteilen gehört. Die im Leben rum eiern, wie die Kurven des Stilfser Joch.

Als Seelsorger weiß ich allerdings, dass keine Persönlichkeit einfach so entsteht. Menschen werden von Menschen geprägt. Sie erleben schönes und weniger schönes. Manche gar zerstörerisches.

Im Alltag vergesse ich diese Erkenntnis mitunter. Unterwegs ist Gelegenheit, nach den Menschen hinter der Fassade zu schauen.

Es ist ausgesprochen heilsam, sich mal wieder die Frage zu stellen, wie sich Gott meinen Nächsten denn gedacht. Eben nicht danach zu schauen wie er bei mir ankommt.

Gott hat jedem Menschen etwas Unverwechselbares mitgegeben. Etwas, das es zu ergründen, zu suchen, zu entdecken gilt. Der eine Geist, der uns alle verbindet, bildet die Brücke.

Nehmen wir Gott Ernst. Er hat jedem seine Würde mitgegeben.

Führe ihn wieder mit dir heim, daß er Brot esse und Wasser trinke.
1.Kön 13,18

Höchste Zeit mal nach dem Heimatbegriff zu schauen. Was ist Heimat. Wer diesen Begriff für sich geklärt hat, der ist anderes unterwegs. Auf Reisen wie auch im Leben allgemein.

Heimat verbinden viele Menschen mit etwas Bewegungslosem. Einem Land, einer Stadt, einer Immobilie. Der sichere Hafen, zu dem man zurückkommt.

Wo ist das Haus Gottes? Der Ort an den mich Gott zurück führt. An dem er mich mit dem versorgt, was ich zum Leben wirklich brauche.

Für mich hat die Fragestellung zwei Ebenen. Auf der Erde begegne ich Gott in meinem Nächsten. Heimat hat für mich etwas mit den Menschen zu tun um mich herum. Zugegeben, denen, die ich mag, die mir sympathisch sind.

Nach unserem irdischen Leben wartet Heimat bei Gott auf uns. In seinem ewigen Haus darf ich mich irgendwann zu Hause fühlen. Darf ich mich versorgt wissen. Und werde all die Menschen wieder treffen, die mir bereits hier Heimat waren.

Ich habe dir von nun an Neues sagen lassen und Verborgenes, das du nicht wußtest.
Jes 48,6

Neues. Verborgenes. Solches, dass ich noch nicht wusste. Unterwegs sein bedeutet, die Schätze der Schöpfung zu entdecken. Hörend, riechend oder sehend. Mit einem neuen Auge!

Das Auge des Fotografen ist sein Objektiv. Das Bild auf dieser Seite ist das Erste, mit dem neuen Auge. Fünf Jahrzehnte waren genug, um mir zur Feier des Tages eines von der feineren Sorte zu schenken.

Mir wird bei den ersten Schnappschüssen bewusst, dass ich beschenkt bin. Mir wurde mein Leben geschenkt, ich darf neues hören. Mir wurde ein neugieriger Geist geschenkt, ich freue mich an Verborgenem.

Mein neues Objektiv wird zur Metapher für das, was ich jeden Tag wieder neu sehe. Im Moment sitze ich einem Café an der kroatischen Küste. Es regnet und ist ungemütlich.

Es gab Zeiten, da hätte mich das geärgert. Und? Reisen kann auch erden. Ich verabschiede mich von dem Gedanken, dass der Urlaub die schönste Zeit im Jahr ist. Bloß nicht.

Es gibt an jedem Tag neues zu und verborgenes zu entdecken. Frei nach Aristoteles: Wie viele Dinge die ich nicht wusste.

Da sprach Petrus: Siehe, wir haben alles verlassen und sind dir nachgefolgt
Lk 18,28

Einer meiner Lieblingsschriftsteller hat einmal davon geschrieben, wie Dankbar er dafür ist, kein Haus oder ähnliches zu besitzen. Ihm wäre es Belastung, durch eine Immobilie, i-mobil zu sein.

Er spricht mir aus der Seele. Hätten die Jünger Jesu an ihrem alten Leben festgehalten, die Geschichte hätten sicher anderes geschrieben werden müssen.

Wenn ich unterwegs bin, merke ich immer wieder wie wenig ich tatsächlich zum Leben brauche. All die Dinge, die mich zu Hause belasten, sind dann weit weg.

Nachfolger Jesu zu sein, bedeutet für mich, die Distanz zu weltlichem Besitz. Ja, ich habe auch gerne ein Motorrad, eine Kamera und noch so manches andere. Aber es tut gut sich ab und an ins Gedächtnis zu rufen, das solches vergänglich ist.

Dass ich mich nicht krampfhaft an den Reichtümern der Welt festklammere. Irgendwann muss ich sowieso alles zurücklassen. Und dann bekommt die Nachfolge hier auf Erden für mich einen Wert.
Nicht, weil ich mir etwas erarbeiten könnte, aber Nachfolge macht das Leben leicht!

Ihr werdet die Wahrheit erkennen, und die Wahrheit wird euch freimachen.
Joh 8,32

Als Kind habe ich leidenschaftlich gerne die Karl May Filme im Fernsehen angeschaut. Winnetou war für mich der absolute Held. Er bildete DIE eine Wahrheit ab.

Was der Häuptling von sich gab, stand für die Wirklichkeit. Er war Autorität und Instanz für jegliche Konflikte, Probleme und Fragestellungen seiner Welt.

Sein Wirken hatte deshalb Charme, weil man ganz genau wusste, was gut und was böse ist. Da gab es keine zwei Meinungen. Holzschnittartig wurde abgegrenzt, austarieren und zugeordnet.

Die Welt war einfach!

Ich hätte auch heute noch gerne diese einfache Welt. Die Welt in der ich erkenne, was die Wahrheit ist. Im Grund würde mir schon langen, wenn ich definieren könnte, was Wahrheit überhaupt ist!

Die Wahrheit des Moments ist, was Gott für mein Leben vorgesehen hat.

Wir ermahnen aber euch, liebe Brüder, vermahnet die Ungezogenen, tröstet die Kleinmütigen, traget die Schwachen, seid geduldig gegen jedermann.
1.Thess 5,14

Manchmal ertappe ich mich gerade beim Reisen, besonders „schlau“ zu denken (Das Reden verkneife ich mir in der Regel, Gott sei Dank).

Wer mit offenen Augen unterwegs ist, sieht die Unterschiede. Der nimmt wahr, was andere Menschen, an anderen Orten, anders machen!

Man könnte die Anderen darauf hinweisen, woraus genau ihr ungezogenes Leben besteht. Welche Fehler sie machen. Was wir so genau viel besser können.

Aber, könnte es nicht auch sein, dass ich selbst ein ungezogenes Leben führe? Das ich mir ein Beispiel an den Anderen nehmen sollte?

Hier wird unser Problem klar. Und hier wird das Problem des Verses klar. WER legt eigentlich genau den Maßstab fest. Den, der bemisst, was ungezogen ist?

Die Enträtselung wird vom Text mit angeboten. Trost, Mittragen, Geduld sind die Schlüsselbegriffe. Das kann auch auf Reisen mitunter ganz schön schwer sein!

Wahrheit die zweite!
Es hilft nichts, ich muss mich nochmal mit dem Thema Wahrheit beschäftigen. Der letzte Satz zum Thema Wahrheit war: "Für den Moment ist die Wahrheit das, was Gott für mein Leben vorgesehen hat."

Was hat er denn vorgesehen? Soll ich die Welt retten. Reicht es, wenn ich meinen Nachbarn rette? Oder ist es genug, wenn ich für zunächst mich rette! Ich finde eine Spur im rief an die Hebräer:

Da wir aber so reden, sind wir doch davon überzeugt, dass es besser mit euch steht und ihr Rettung erfahrt.
Hebr 6,9

Retten, das Abwenden einer Gefahr, dass zu bringen, kann der Wahrheit schon sehr nahekommen. Als ich das dann noch weiterdenke, merke ich, dass ist eine Lebensaufgabe. Für jeden Menschen.

Die Botschaft Jesu hilft dabei, er ist für mich der Erste aller Retter. Meine Wahrheit hat etwas damit zu tun, dass andere ohne Gefahr, ohne Druck, ohne Zwänge ohne Bevormundung ohne Besserwisser leben können.

Wahrheit ist etwas sehr Individuelles! Die Vielfalt der Welt macht es nicht einfacher. Viel Spaß beim Suchen.

Denn der Buchstabe tötet, aber der Geist macht lebendig.
2.Kor 3,6

Ich kannte mal einen Spanier. Er stand an einer Ampel in Deutschland, die gerade nichts zu tun hatte. Weder Autos noch sonstige Verkehrsteilnehmer waren zu sehen. Trotzdem zeigte sie Rot.

Er ging über die Straße, und auf der anderen Seite trat ein Polizist hinter einem Strauch hervor und ermahnte ihn. Er hat es nicht verstanden. In Spanien bleibt man stehen, wenn das Rotlicht auch einen *Nutzen* hat, sagte er zu mir später irritiert.

Wie halten Sie es mit den Gesetzen? Den weltlichen, wie auch denen, die uns in der Bibel mitgegeben sind? Für mich hat Paulus im Brief an die Korinther, einen wunderbaren Hinweis gegeben.

Natürlich hat jedes Ding seine zwei Seiten. Einerseits sind Gesetze das Geländer, der Rahmen, der unserem Leben Halt gibt, es in geordneten Bahnen laufen lässt.

Andererseits sind die Gesetze für den Menschen und nicht der Mensch für die Gesetze. Ich denke das gilt auch für Gottes Gesetze. Ich bin davon überzeugt, dass die Gesetze der Bibel dazu da sind, unser Zusammenleben zu ermögliche.

Genau deshalb nehme ich mir die Freiheit, nach deren aktuellem *Nutzen* zu fragen und entsprechend zu handeln.

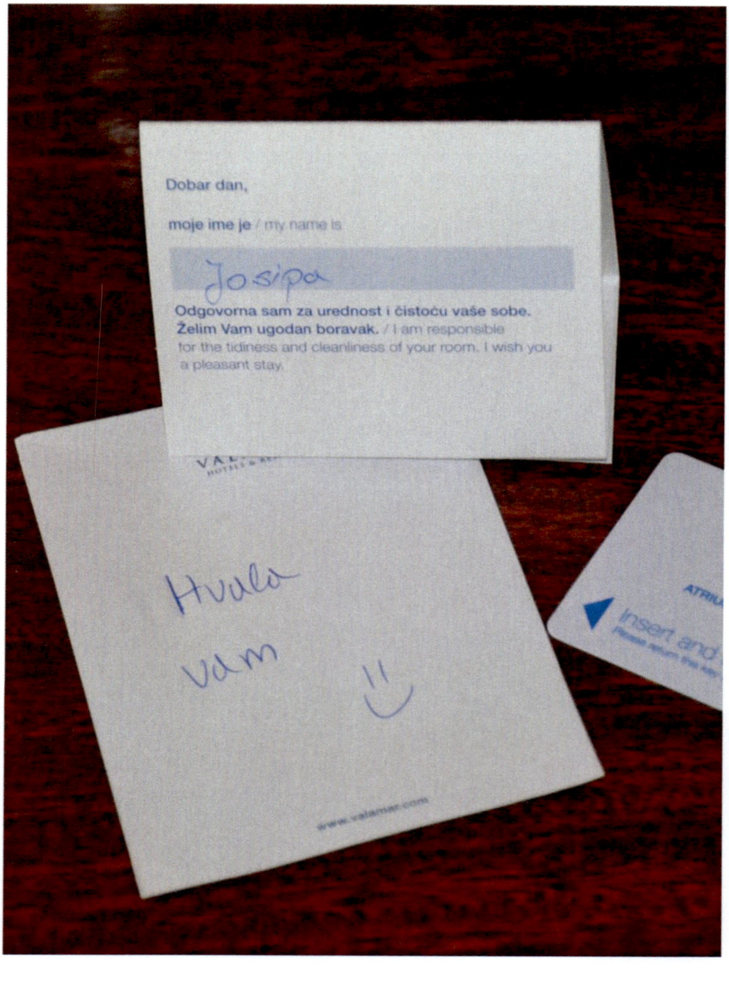
Dobar dan,
moje ime je / my name is
Josipa
Odgovorna sam za urednost i čistoću vaše sobe.
Želim Vam ugodan boravak. / I am responsible for the tidiness and cleanliness of your room. I wish you a pleasant stay.
Hvala vam
www.valamar.com
Insert and

So ich nun nicht weiß der Stimme Bedeutung, werde ich unverständlich sein dem, der da redet, und der da redet, wird mir unverständlich sein.
1. Kor 14,11

Unterwegs sein, bedeutet ständig mit Unverständlichen, gemeint sind Fremde, zu tun zu haben. Heute hatte ich es in einem Hotel auf der Insel Krk mit Josipa zu tun. Ich kenne Sie nicht und wir sind uns höchstens auf dem Hotelflur begegnet.

Josipa hat für den hinterlegten *tip* einen Zettel deponiert mit einem Dank UND einem grinsenden Smiley. Das macht es besonders. Sie ist keine Fremde mehr. Kommunikation funktioniert auf ganz unterschiedliche Weise.

Manchmal hinterlässt uns Gott auch ein grinsendes Smiley. Davon bin ich überzeugt, dass habe ich auch schon erlebt. Nur leider ist die Kommunikation mit Gott mitunter schwierig.

Wer hat Gott nicht schon manchmal als bestenfalls fremd und unnahbar oder sogar nicht bemerkbar erlebt? Ich bin davon überzeugt, Gott möchte dieses Fremde überwinden. Für uns ist wichtig, das Reden Gottes zu hören.

Mir hilft es, einfach mal nach den Smilies Gottes in meinem Leben zu schauen.

Ein jegliches hat seine Zeit, und alles Vornehmen unter dem Himmel hat seine Stunde.
Pred 3,1

Was mache ich eigentlich mit meiner Zeit? Wie verwalte ich meine Zeit. Geschenkte Lebenszeit. Bedingungslos anvertraute Zeit. Wie fülle ich sie sinnvoll?

Ich muss zugeben, mich nervt, mit welcher Mittelmäßigkeit oft Zeit entwertet wird. Nichts von dem was sie ausmacht wird erkennbar. Die Multimediale Welt wird als Vielfalt und großer Freiheit der grenzenlosen Möglichkeiten angepriesen.

Schaut man genau hin, findet sich überwiegend sterbenslangweiliger, Effekt-geladener Mainstream, der schamlos unsere Zeit zweckentfremdet. Von dem wir uns malträtieren, misshandeln lassen.

Multimedia erstickt uns zuweilen mit nackten Informationen, macht aber nicht reicher, von Sinnstiftung ganz zu schweigen. Dazu eine allgegenwärtige Vereinsamung, die sich wie ein Dieb in der Nacht einschleicht; Besitz ergreift.

Ein jegliches hat seine Zeit. Die Feststellung des Predigers schiebt uns einen großen Berg Verantwortung zu. Auch mir, ich weiß. Noch freue ich mich gerade unterwegs -ohne Wifi- an den Stunden unter dem Himmel, die ICH verantworte.

So wir aber des hoffen, das wir nicht sehen, so warten wir sein durch Geduld.
Röm 8,25

Wonach halte ich Ausschau? Worauf hoffe ich? In den Zeilen vor dem Vers erläutert Paulus, dass die ganze Welt noch in den Wehen liegt. Geburtswehen, Schmerzen von ungeahnter Größe aber auch dem Ausblick auf unendliche Freude.

Ja, manchmal schmerzt das Leben entsetzlich! Entweder bei mir selbst oder nur beim anschalten der Tagesschau.

Unterwegs sein, reisen ist Ausschau halten. Bedeutet: Nicht berauscht von den Drogen dieser Welt, zu sehen. Wahrzunehmen. Selbst ein Teil zu sein.

Ausschau halten bedeutet, mit dem eigenen Blick die Welt zu sehen. Mich nicht manipulieren und narkotisieren zu lassen. Bedeutet bei dem, was andere für mich ersonnen haben, kritisch hinzusehen.

Beharrlich dagegenhalten. Auf Reisen kann man das mit Abstand üben. Manchmal erscheint dann auch unendliche Freude am Horizont.
Beharrlich.